Louis de Bonald

Théorie
de l'éducation
sociale

essai

ISBN : 978-1537348315

10 9 8 7 6 5 4 3 2 1

Louis de Bonald

Théorie de l'éducation sociale

essai

Table de Matières

1. Éducation domestique ou particulière

Trois sortes de personnes sont dans la société plutôt que de la société ; la société doit les protéger, mais elles ne sont pas faites pour la défendre ; elles appartiennent à la société naturelle plutôt qu'à la société politique, à leur famille plutôt qu'à l'État. Ce sont les enfants, les femmes, et le peuple, ou ceux qui exercent une profession purement mécanique. C'est la faiblesse de l'âge, du sexe et de la condition.

... Le peuple, ou ceux que leurs occupations purement mécaniques et continuelles retiennent dans un état habituel d'enfance, ne sont que cœur et *sens*. Leur esprit ne peut pas s'exercer assez sur les objets des connaissances humaines, pour qu'il soit possible et utile de les leur donner. Car les demi-connaissances, bien plus communes qu'on ne pense, les lueurs fausses et obscures en tout genre, font la honte de l'homme et le malheur de la société. La raison du peuple doit être ses *sentiments ; il* faut donc les diriger, et former son *cœur* et non son *esprit*. Cependant comme il se trouve, même dans cette classe, des esprits que la nature élève au-dessus de leur sphère, et qu'elle destine à exercer quelque profession utile à la société, il faut, pour qu'ils puissent remplir cette destination, que la société leur donne les premiers éléments des connaissances, auxquelles la nature ni la raison ne peuvent suppléer : c'est l'objet des petites écoles établies dans les villes et villages, où l'on enseigne à lire, à écrire, les principes de la religion et ceux de l'arithmétique. Je dois faire observer ici, qu'une erreur très commune dans les personnes qui ont beaucoup lu, peu médité, et encore moins observé, est de croire au grand nombre de talents *enfouis*. Les philosophes croient aussi à l'existence des *esprits* qu'ils ne voient pas. Beaucoup d'auteurs qui ont écrit sur l'éducation publique ont eu cette chimère dans la tête ; et pour vouloir développer les talents cachés, ils n'ont pas cultivé ou formé les dispositions connues et ordinaires de tous les hommes. Ils ont fait comme un propriétaire qui néglige la culture de ses champs, pour y chercher des mines.

Au reste, qu'on ne pense pas qu'il soit nécessaire au bonheur physique ou moral du peuple qu'il sache lire et écrire ; cela n'est pas même *nécessaire* à ses intérêts, et la société lui doit une garantie plus efficace contre la friponnerie et la mauvaise foi. Il faut laisser ces absurdités à ceux qui n'ont observé le peuple que de leurs fenêtres, et qui ne l'ont étudié que dans leurs livres. De la religion, des mœurs et une aisance honnête, voilà ce qu'il faut à tous les hommes : des sentiments pour maintenir la religion, de bons exemples et des lois exécutées pour maintenir les mœurs, du travail pour maintenir l'aisance ; voilà ce qu'il faut au peuple...

2. De l'éducation sociale ou publique

Je remonte au principe. L'homme est esprit, cœur et sens : mais ses facultés ne se développent que l'une après l'autre.

L'enfant, dans son bas âge, n'a que des *sens*. Il faut en régler ou en faciliter l'usage : plus tard, le cœur se montre, il faut diriger ses affections. L'un et l'autre doivent être l'objet de l'éducation domestique, parce que l'homme naturel ou l'homme de la famille n'a précisément besoin, dans sa famille, que de son cœur et de ses *sens*.

Plus tard l'esprit se développe, et l'éducation domestique a facilité ce développement par les connaissances élémentaires qu'elle a données. Alors commence l'homme social. Il a des volontés, des opinions ; il faut régler les unes, guider les autres, parce que, l'esprit et la raison sont donnés à l'homme pour la société.

Mais l'homme porte dans la société son cœur et ses *sens* : *la* société a le droit de faire tourner à son usage toutes les facultés de l'homme ; elle doit donc former pour l'utilité générale sa faculté *voulante,* sa faculté aimante, sa faculté agissante, son esprit, son cœur et ses *sens* : tel est l'objet de l'éducation sociale.

Toutes les facultés se forment ou se perfectionnent par l'exercice : or l'éducation domestique n'exerce aucune des facultés de l'homme d'une manière utile à la société. Donc elle ne peut perfectionner les facultés de l'homme social ; donc elle ne convient pas sous ce rapport à la société.

L'éducation domestique est, dangereuse, parce que les enfants jugent leurs parents à l'âge auquel ils ne doivent que les aimer, et deviennent sévères avant que la raison leur ait appris à être indulgents ; elle est dangereuse, parce que les parents, exigeants s'ils sont éclairés, faibles s'ils ne le sont pas, voilent trop, ou ne voient pas assez les imperfections de leurs enfants, et contractent ainsi, pour toute leur vie, des préventions injustes, ou une mollesse déplorable : cette observation est extrêmement importante.

Elle est dangereuse, parce que les enfants y apprennent on y devinent tout ce qu'ils doivent ignorer ; parce qu'elle place un enfant au milieu des femmes et des domestiques ; que s'il y apprend à saluer avec grâce, il y contracte l'habitude de penser avec petitesse ; si on lui enseigne à manger proprement, on le forme à la vanité sans motif, à la curiosité sans objet, à l'humeur, à la médisance, à mettre un grand intérêt à de petites choses, à disserter gravement sur des riens ; on fait entrer, dans les moyens d'éducation, des observations critiques sur les personnes qu'à a accoutumé de voir, et on lui donne ainsi le goût méprisable du persiflage; il s'accoutume à s'entretenir avec des valets, à caqueter avec des femmes de chambre : toutes choses qui rétrécissent le moral à un point qu'on ne saurait dire...

3. Des élèves

Qui est-ce qui sera admis dans les collèges ?

Les enfants de toutes les familles qui *devront ou qui pourront* leur faire donner l'éducation sociale ou publique. Ce texte demande un commentaire.

Il y a des professions qui n'ont pas de rapport nécessaire et immédiat à la conservation de la société naturelle, ni à celle de la société politique, et qu'on peut regarder comme des professions mixtes. Elles tiennent à la société naturelle qu'elles enrichissent ou qu'elles amusent, et à la société politique qu'elles embellissent ; mais l'on peut concevoir l'une de ces sociétés sans des professions qui l'enrichissent ou qui l'amusent, et l'autre sans des professions qui l'embellissent. Ces professions sont le commerce, les arts agréables, car on peut concevoir la société naturelle et la société politique sans commerce extérieur, sans poètes, sans peintres, sans musiciens, même sans avocats : ces professions sont utiles, mais elles ne sont pas nécessaires : c'est le luxe de la société ; il ne faut pas le bannir, mais il faut le régler : et n'oubliez pas de remarquer comme une

Louis de Bonald

démonstration rigoureuse de nies principes sur les professions sociales, naturelles et mixtes, que ce sont ces dernières, celles qui ne sont pas immédiatement *nécessaires à la* conservation de la société naturelle ni à celle de la société politique, qui ont troublé, en France, les deux sociétés, et fait la révolution qui les désole, en soulevant les professions naturelles contre les professions sociales.

Mais la société constituée classe les familles dans les professions respectives ; il y a donc des familles sociales ou politiques, et des familles naturelles. Les familles politiques ou sociales sont nécessairement distinguées des professions naturelles ; il y a donc des familles distinguées des autres familles, parce que des familles qui exercent des professions immédiatement nécessaires à la conservation de la société politique, sont nécessairement distinguées de celles qui exercent des professions immédiatement nécessaires à la conservation de la société naturelle.

Les familles qui exercent une profession sociale ne peuvent se soustraire à cet engagement, il est donc nécessaire qu'elles se mettent en, état de le remplir, en faisant donner à leurs enfants l'éducation sociale ; et, si elles n'en ont pas les moyens. il est dans la nature de la société, que la société, pour son intérêt propre, vienne à leur secours.

Venons aux objections. Si l'État est obligé de faire élever les enfants des familles sociales qui n'auront pas les moyens de les faire élever elles-mêmes, il en résultera... dira-t-on, une inégalité choquante entre les divers membres de la société. La réponse à cette objection demande une discussion plus étendue.

Quelle est l'obligation que la nature impose à l'homme et à tous les hommes ? Le travail. L'homme qui travaille le plus et qui travaille le mieux, remplit donc le mieux le devoir que la nature lui impose : s'il remplit soli devoir mieux que tous les autres, il mérite d'être distingué d'eux.

Comment connaître dans la société celui qui travaille le plus et le mieux, ou qui remplit le mieux son devoir ? Par un moyen sûr, infaillible, public, à l'abri de toute contestation ; par l'état de sa fortune. Qu'on ne parle pas de bonheur, c'est toujours l'excuse de la paresse ou de l'ineptie. Bonheur est habileté. Celui qui s'enrichit est donc celui qui travaille le plus et qui travaille le mieux, qui remplit

3. Des élèves

plus parfaitement ses devoirs naturels, qui présente la meilleure caution de son aptitude à remplir les devoirs politiques, qui mérite d'être distingué, et sa famille d'être ennoblie.

Nécessité de l'ennoblissement par charges. Ainsi, l'homme qui ennoblit sa famille par acquisition de charges ne fait autre chose que prouver à la société qu'il a mérité que sa famille fût admise à remplir les devoirs politiques, par son application et son aptitude à remplir les devoirs naturels.

On ne peut rien opposer de solide à cette démonstration ; mais les esprits subtils font des objections. Vous récompensez, me dira-t-on, les voies malhonnêtes de s'enrichir. Je ne veux pas qu'il existe des voies malhonnêtes de s'enrichir dans une société constituée ; et l'on ne doit ni spéculer sur de faux papiers, ni jouer à la hausse ni à la baisse, ni envoyer son voisin à l'échafaud, ou en pays étranger, ou supposer qu'il y est, parce qu'on l'a forcé de se cacher, pour acheter son bien de ceux qui n'ont pas le droit de le vendre. Vous établissez, me dira-t-on, la distinction des richesses. Non, j'établis la distinction du travail. Vous inspirez le désir de s'enrichir. Non, mais l'ardeur louable de travailler ; car il n'y a pas pour une famille de moyen plus assuré de s'appauvrir que de s'ennoblir ; et cela doit être ainsi, parce que tout autre désir que celui de l'honneur, tout autre attachement qu'à la société, doit être inconnu dans une famille sociale, et qu'il est moralement et politiquement utile qu'il y ait dans une société quelque chose que l'homme estime plus que l'argent, et qu'il y ait aussi un moyen de prévenir, sans violence, l'accroissement démesuré des fortunes, que produit à la longue dans la famille la profession héréditaire du commerce.

On ne doit, dira-t-on, s'ennoblir que par la vertu, ou par des services distingués. Par la vertu, non ; car la vertu elle-même est noblesse : par des services distingués, d'accord ; mais alors il ne s'ennoblira que deux familles par siècle, et les besoins de la société en exigent un peu plus. Toute famille n'exerçant pas une profession sociale, qui veut faire donner à ses enfants l'éducation sociale ou publique, annonce par cela même qu'elle a l'intention de rendre ses enfants utiles à la société, et peut-être de s'élever elle-même au rang de famille sociale ou distinguée. La société ne doit pas payer l'éducation de ces enfants, parce qu'elle ignore s'ils voudront ou s'ils pourront embrasser une profession sociale, on si cette famille aura les qualités nécessaires pour s'élever elle-même au rang de famille sociale ; mais doit les admettre dans ses établissements publics, et leur faciliter ainsi les moyens de lui être utiles.

Ainsi la société admettra dans ses établissements d'éducation publique tous les enfants sains de corps et d'esprit, dont les familles auront l'intention et les moyens de leur faire donner l'éducation sociale.

...[Ainsi] il faut que les parents se persuadent que l'éducation sociale n'a pas pour objet de rendre les jeunes gens savants ; mais de les rendre bons et propres à recevoir l'éducation particulière de la profession à laquelle ils sont destinés, et qu'ils sont dans le collège bien moins pour s'instruire, que pour s'occuper.

4. Administration générale

... La France, selon un homme d'esprit, n'était ni une aristocratie, ni une démocratie, mais une bureaucratie. On peut en dire autant de tous les États modernes. Cette manie bureaucratique s'est glissée jusque dans le militaire : des commandants de corps, des officiers supérieurs ne sont occupés qu'à faire ou à signer des états *de situation. Cette* fonction absorbe l'homme, rétrécit l'esprit, et l'extrême attention sur les choses n'en permet presque plus sur les hommes. Le petit esprit et la manie des détails avaient gagné, en France, au point qu'un jeune militaire pouvait, sur la fabrication du pain, la coupe des chemises, et l'économie d'un ordi*naire,* faire des leçons à la maîtresse de maison la plus habile. La bureaucratie tenait d'un côté à la corruption des hommes, parce qu'on ne croyait pas pouvoir prendre assez de précautions contre leur improbité réelle ou présumée ; de l'autre, elle tenait au goût pour le plaisir et au *petit esprit,* symptômes infaillibles de la dissolution d'un État. Les hommes de plaisir aiment le grand nombre de *sous-ordres* qui favorisent leur paresse, et les petits esprits aiment les divisions minutieuses qui soulagent leur faiblesse. Il y a longtemps qu'on a dit que la minutie était le *sublime de la* médiocrité ; les gens très soigneux, qui sont assez souvent des gens très médiocres, mettent tout chez eux par petits tiroirs.

Je ne suis pas éloigné de croire que la perfection de l'administration et le talent de l'administrateur sont en raison inverse du nombre des bureaux et des *sous-ordres*.

Il faut de l'ordre sans doute, et il en faut plus à mesure qu'une administration est plus étendue ; mais l'ordre est plutôt la réunion d'objets semblables, que la séparation d'objets différents. L'ordre est la table des matières ; mais si la table des matières est aussi volumineuse que l'ouvrage, le lecteur n'y gagne rien.

Ce, qui, simplifie extrêmement l'administration est l'invariabilité. Il faut un nouvel ordre pour des objets nouveaux ; mais lorsque l'administration n'éprouve aucun changement, un chef a le temps de songer à en perfectionner toutes les parties, et le subalterne trouve les moyens d'abréger son travail. L'expédition devient plus facile, parce que l'homme toujours occupé des mêmes détails de vient plus expéditif, et que le même homme peut être chargé d'un plus grand nombre d'objets.

Un autre moyen, et le plus efficace, de simplifier l'administration, est d'en écarter l'arbitraire. Quand celui qui demande ne sait pas jusqu'où il peut demander, ni celui qui accorde, jusqu'où il doit accorder, il en résulte une multitude de tâtonnements, de négociations et d'arrangements, qui prennent beaucoup de temps à l'administrateur, et tournent toujours au détriment de la chose publique.

Il est difficile de tracer des règles fixes pour le choix de ceux qui doivent remplir les premières places de l'administration ; la règle générale est de choisir le moins possible, et de choisir sur le plus grand nombre possible. Trop souvent en France on faisait le contraire : on multipliait, par des déplacements fréquents, les occasions de choisir, on choisissait toujours autour de soi, lorsqu'il eût été avantageux de chercher plus loin. Le gouvernement ne doit pas oublier que, dans une société constituée, un ministre, même sans talents, fera plus de bien ou moins de mal en quinze ans d'administration, que n'en feront dix hommes supérieurs qui se succéderont au ministère, dans le même espace de temps. Quant aux hommes sans vertus, ils ne sont bons à rien, absolument à rien, qu'à hâter les révolutions...

Louis de Bonald

5. Noblesse

Sous la première race de nos rois, la noblesse était ce qu'elle doit être dans une société. constituée, ce qu'elle était chez les Germains, profession sociale au défensive de la société ; mais comme la société s'était agrandie, les diverses fonctions s'étaient établies et distinguées, et l'on voyait des gouverneurs de provinces, ou *duces*, des gouverneurs de *villes, ou comites*, des commandants sur les frontières on *marches, qu'*on appelait *marchiones. Ceux* qui n'avaient pas des fonctions particulières étaient désignés par le nom de *seigneur ou homme libre*, expression qui, dans la langue germanique, signifie encore un noble sans fonctions particulières, et répond exactement au titre de *baron*, dont elle est la traduction littérale. Ainsi, cette expression *d'homme libre*, qu'on retrouve à tout moment dans les écrits de ceux qui ont traité de l'état des premiers Francs, ne désignait qu'un noble, libre de fonctions particulières, et tenu seulement des engagements généraux de sa profession, qui étaient de défendre la société.

Sous la seconde race, les *duces on ducs, comites* ou comtes, *marchiones ou* marquis, profitant de l'affaiblissement de l'autorité royale, rendirent héréditaires dans leurs familles le gouvernement des provinces et des villes, et le commandement des frontières on *marches* ; les titres, jusque là viagers ou révocables comme les fonctions, devinrent héréditaires comme elles. Voilà ce que les gens prévenus appellent la féodalité, et qui en était l'abus et la corruption. L'usage de porter des noms de terre s'introduisit à cette époque parmi les nobles, parce qu'il était dans la nature des choses, que les terres possédées à charge de service militaire devinssent héréditaires dans les familles, puisque l'obligation de servir la société y était devenue héréditaire. La possession du fief caractérisa donc le noble, et de *de, qui,* dans une grande partie de l'Europe, distingue et désigne le noble, ne signifie autre chose que le domicile dans le fief, un tel *de* tel endroit. Plus tard, on ajouta au nom de terre son nom de baptême, et l'on dit Bertrand du Guesclin, Olivier de Clisson ; après l'établissement des troupes réglées, on se distingua par son grade, le capitaine Montluc, le maréchal de Trivulce.

Mais le seul titre qu'on retrouve dans les temps anciens, pour la noblesse qui ne possédait pas de fief en souveraineté, est celui de baron ou d'homme libre, qui désignait la noblesse restée profession sociale et qui n'était pas pouvoir. C'est, en effet, le seul titre qu'ait porté jusqu'à ces derniers temps, et que porte encore l'aîné d'une des premières maisons du royaume, qui n'a jamais possédé de fief en souveraineté.

Quand nos rois se furent ressaisis de tous les pouvoirs particuliers sur les familles qui les avaient usurpés, ou en faveur desquels nos rois eux-mêmes les avaient rétablis, alors les titres reparurent ; ils ne désignèrent plus, comme autrefois, des fonctions, mais la capacité de les remplir, ou ils furent une présomption qu'on descendait des familles qui avaient autrefois exercé ces fonctions ou usurpé des pouvoirs. Quelquefois ils ne prouvèrent que la fortune d'un parvenu, ou l'effronterie d'un aventurier. L'abus des érections de terres en titres honorifiques fut poussé si loin, qu'il fallut décider, conformément à la constitution, que le roi pouvait faire quelqu'un *comte on marquis* sans le faire noble, décision qui prouve que la noblesse n'est *distinction* que parce qu'elle est profession *distinguée*.

... Si la noblesse doit être *fonction*, elle ne doit pas être pouvoir ; encore moins doit-elle être *métier :* donc elle ne doit pas commercer. Le désir d'acquérir des richesses est le désir d'en jouir ; le désir de jouir est le désir de vivre ; et le désir de vivre s'accorde mal avec une profession qui ordonne de compter la vie pour rien, et son devoir pour tout. On peut remarquer dans la contradiction qui existait, en France, entre les lois et les mœurs, relativement à la noblesse commerçante, une preuve évidente de ce que j'ai avancé dans la première partie de cet ouvrage : que c'est à la nature seule à faire des lois dans une société constituée, parce que c'est elle seule qui établit des rapports *nécessaires* entre les êtres, et que, lorsque l'homme veut y substituer ses opinions, il ne peut établir que des rapports contraires à la nature des êtres, des lois absurdes, que la nature repousse, ou et les laissant tomber en désuétude, ou par les troubles qui en accompagnent l'exécution. Une loi permettait en France à la noblesse de faire le commerce en gros ; les mœurs, c'est-à-dire la nature, plus sage que l'homme, ne le lui permettait pas ; en revanche, la nature avait introduit la loi des substitutions, parce que la loi qui rendait héréditaires les moyens de remplir une fonction héréditaire, était un rapport *nécessaire* et dérivé de la nature des êtres : l'homme avait restreint, c'est-à-dire avait abrogé cette loi ; et remarquez la différence des lois *nécessaires, c'est-à-dire parfaites,* qu'introduit la nature, aux lois absurdes, immorales que l'homme établit. La nature en prescrivant à la noblesse les substitutions et lui défendant le commerce, lui inspirait le soin de sa postérité et le mépris du luxe et des jouissances personnelles ; elle mettait l'amour des autres à la place de l'amour de soi : l'homme, en restreignant la faculté de substituer et permettant le commerce au noble, détachait le noble de sa postérité, pour lui donner le goût de l'argent et d'un genre de propriété plus disponible pour le luxe et l'égoïsme, et il mettait ainsi l'amour de soi à la place de l'amour des autres. Il en devait résulter, il en a résulté en effet une fureur universelle de changer ses terres contre des capitaux ; et l'on a vu à la fois, quelques années avant la révolution, chez les notaires de Paris, jusqu'à neuf mille terres en vente. L'administration s'applaudissait, peut-être, de voir le fisc se grossir par des droits sur les mutations de propriété, elle aurait dû gémir de voir de nouvelles familles s'élever sur les débris des anciennes familles, de nouvelles propriétés inspirer le dégoût des anciennes propriétés, de nouveaux principes prendre la place des anciens principes. La mutation fréquente des propriétés est une plaie mortelle à la constitution ; et c'est pour la rendre plus difficile que la nature même de la société a établi la loi des droits des lods *et ventes.* La noblesse ne doit donc pas commercer, encore moins agioter : si elle doit périr, qu'elle se détruise sans s'avilir, puisqu'aussi bien elle ne pourrait s'avilir sans se détruire.

6. Armée

Comment se faisait-il qu'en France chaque ministre de la guerre fît une ordonnance militaire, et que chacun de ceux qui étaient chargés de la faire exécuter y changeât quelque chose ? Quand la nature amène des développements nécessaires dans les usages politiques ou militaires d'une nation, elle a soin d'en indiquer le motif. Ainsi, il était dans la nature des choses qu'une troupe à cheval acquît, dans ses évolutions, toute la rapidité dont le cheval est susceptible ; que l'artilleur fût, dans certaines circonstances, mis à cheval, pour arriver aussi tôt que la pièce qu'il sert ; que le soldat fût habillé uniformément, d'une couleur difficile à salir et aisée à nettoyer ; que son habit le défendît du froid sans l'embarrasser dans sa marelle ; qu'il fût coiffé de manière à garantir sa tête des injures de l'air, chaussé de manière à préserver ses pieds de l'humidité armé de la manière la plus propre à tirer le meilleur parti de sa force et de son adresse ; mais ces objets une fois remplis, l'homme et les saisons restent les mêmes. Pourquoi fatiguer le soldat et ruiner l'officier par des changements continuels dans le nombre des boutons, la couleur des revers, la coupe de l'habit, la forme du chapeau ? Peut-on justifier ces changements et mille autres aussi inutiles, par aucun motif tiré de la nature des boutons, des couleurs, des habits ou des chapeaux ? La manie de *faire* est essentiellement celle des petits esprits, le goût de conserver est le caractère des bons esprits.

... Ce qui est nécessaire est de rétablir la considération des grades et de tous les grades. Déjà en France on était honteux de n'être que capitaine, et l'on aurait bientôt rougi de n'être encore que colonel. Voulez-vous diminuer de moitié la valeur de votre monnaie ? augmentez-en du double la quantité circulante ; voulez-vous doubler en quelque sorte la considération de vos grades militaires ? diminuez-en le nombre de moitié. Pourquoi doubler les grades dans le même corps, dans la même compagnie ? Unité en tout, unité. L'unité est indivisible, la division commence à deux. Quand il sera plus difficile d'être officier supérieur, ou officier général, vous aurez de meilleurs officiers supérieurs et de meilleurs officiers généraux. Louis XIV avait laissé ou formé des corps à quatre bataillons. L'armée autrichienne, l'armée prussienne, ont des régiments beaucoup plus forts que les nôtres : pourquoi ce morcellement de l'armée française en petits corps de deux bataillons ? moins on a de corps, plus il est aisé d'entretenir entre eux une parfaite uniformité : moins de régiments, moins d'états-majors, moins de places, plus de sujets. Prenez garde que, pour bien gouverner les hommes, il faut *beaucoup d'appelés et peu d'élus* ; ne décourager personne, et ne pas satisfaire tout le monde, tenir l'émulation en haleine, et ne pas rassasier l'ambition, c'est une coquetterie indispensable en administration : attachez les hommes par l'espoir, contenez-les par la crainte, comptez peu sur l'affection et encore moins sur la reconnaissance.

Louis de Bonald

Ce qui est nécessaire, et plus nécessaire que tout le reste, est de rétablir dans l'armée le respect pour la religion et les mœurs.

... La religion renaîtra dans l'armée par le bon exemple des officiers, et c'est une raison puissante pour mettre à la tête des corps des officiers moins jeunes ; elle y renaîtra par un meilleur choix des aumôniers, car il faut absolument un séminaire particulier pour cette profession. Que l'administration ne perde pas de vue que ce qui est philosophie dans l'officier, devient scélératesse dans le soldat ; qu'il n'y a que des gens sans esprit et sans principes qui ne puissent trouver un juste milieu entre la bigoterie et l'irréligion, et qui ne comprennent pas que, sans faire de chaque soldat un homme religieux, on peut introduire dans l'armée un respect général pour la religion, comme il y a un respect général pour l'honneur, quoique tous les sol» ne soient pas des César. Après tout, la religion s'accorde mieux, dans son principe, avec la profession militaire qu'avec toute autre ; puisque la religion, comme la profession des armes, n'est qu'obéissance, combat et privations.

... On ne manquera pas de dire que les soldats de la république française se battent avec courage, quoiqu'il n'y ait dans leur armée aucun signe extérieur de religion ; j'en conviens, et c'est précisément ce qui fait qu'ils sont les soldats de la république française.

L'esprit de matérialisme matérialisait tout, semblable à ces eaux qui pétrifient tout ce qu'elles touchent. Dans l'homme, on ne voyait plus qu'un corps, et dans le soldat qu'une machine qu'on ne pouvait mouvoir que par des moyens physiques. On oubliait que l'homme est intelligence, et même plus intelligence à mesure que la société est plus constituée. C'est une vérité que les factieux ont sentie et dont ils ont tiré un prodigieux avantage. Les faiseurs, genre d'hommes qui fourmille dans une société en dissolution, ne voyaient de bons soldats que chez quelques nations dont le soldat ne fait pas de chansons et ne dit pas de bons mots : mais ils ne s'arrêtaient qu'à l'écorce ; ils ne voyaient de *cause* que la canne du caporal, et *d'effet* que l'immobilité du soldat. S'ils eussent cherché à le voir ailleurs qu'à la parade et à la manœuvre, ils auraient appris qu'une administration prudente ne néglige pas le moral de l'homme, et qu'une administration ferme commande tout aux hommes, et *même la religion*. L'exemple, l'habitude, le tempérament, peuvent rendre le soldat brave ; la religion seule le rendra fidèle, et

6. Armée

les gouvernements auront à l'avenir besoin de la fidélité du soldat plus encore que de sa valeur...

7. Mœurs

... Je dois le dire, parce que je ne veux rien taire. La cause la plus féconde de l'extrême corruption des mœurs, en France, était l'histriomanie. Elle était devenue une maladie épidémique, qui avait corrompu la capitale, et infecté les provinces. Les petits spectacles de Paris étaient un établissement monstrueux dans un État chrétien, et certaines pièces de théâtre un scandale dans une société policée. La fureur avec laquelle on y courait, aurait dû être, pour le gouvernement, la mesure de l'immoralité des spectateurs. Dans les provinces, des spectacles au-dessous du médiocre pervertissaient les mœurs privées et publiques, sans aucune utilité pour les progrès de l'art. Le jeune homme quittait une compagnie décente pour la licence des coulisses ; le père de famille, au retour du spectacle, ne retrouvait dans son ménage que dégoût et ennui. Je ne parle pas du choix des pièces. Elles étaient, depuis longtemps, toutes dirigées vers un but unique, celui de faire une révolution dans la religion et dans le gouvernement, et de rendre odieuses ou ridicules les professions sociales. Ce but paraît quelquefois à découvert sous la morgue d'une sentence : plus souvent, il ne se montre qu'à travers le *transparent* des allusions ; et comme s'il eût fallu des poisons pour tous les lieux et pour toutes les classes de la société, des histrions munis *de patentes parcouraient* impunément les bourgs et les campagnes, débitant, à la fois, des drogues nuisibles et des farces ordurières, et donnaient au villageois ébahi l'exemple de la vie la plus licencieuse et de l'escroquerie la plus effrontée.

Il faut observer que les Romains ne mettaient sur la scène comique que des Grecs, peuple qu'ils méprisaient, des marchands d'esclaves, des parasites, des courtisanes, des esclaves, professions viles ou infâmes. La constitution des sociétés ne permet pas d'introduire dans la comédie les professions sociales, parce que l'homme ne peut pas être séparé de la profession sociale dont il est membre, et qu'ainsi, comme je l'ai déjà dit, les mœurs du roi, du prêtre, du noble, militaire ou sénateur, sont des mœurs publiques, lesquelles

Louis de Bonald

ne sont pas du ressort de la comédie, qui ne doit peindre que les mœurs privées.

Les mœurs publiques appartiennent à la tragédie ; elle est l'école des professions sociales. Elle honore dans Mithridate la profondeur des conseils ; dans Auguste, l'empire de la clémence ; dans Achille, la hauteur du courage ; dans Ulysse, l'ascendant de la sagesse : comme elle relève l'héroïque sainteté de Joad, la valeureuse fidélité d'Abner, la vertueuse fermeté de Burrhus, et le sublime attachement de Léontine au sang de ses rois ; elle blâme la précipitation dans Thésée, l'orgueil dans Agamemnon, la vengeance dans Atrée, l'ambition dans Agrippine : comme elle flétrit la corruption dans Mathan, la flatterie dans Oenone, et la trahison dans Pharnace. Mais ce qui est remarquable, est qu'à mesure qu'une société s'affermit en se constituant, et qu'elle a moins à craindre des effets de l'ambition du sujet, ou du despotisme du monarque, la muse tragique s'attache à décrire les funestes effets de la volupté, seul danger qu'aient à redouter les sociétés constituées ; et soit qu'elle en montre les fureurs dans Oreste, ou les faiblesses dans Titus, les imprudences dans Britannicus, ou les indiscrétions dans Bajazet, la honte dans Phèdre, ou les malheurs dans Ariane, elle cherche à prémunir les rois contre cet écueil fatal à leur gloire et au bonheur de leur peuples.

Dans ce siècle, par une suite de l'affaiblissement de la constitution dans toutes ses parties, on avait donné des mœurs privées aux professions publiques, pour pouvoir les introduire sur la scène, et l'on représentait des hommes revêtus de professions sociales dans des attitudes naturelles ou de famille. C'est ce qu'on appelle des *drames.* Le public applaudissait au talent de l'auteur ; il entrait dans la situation du personnage : mais l'homme de goût se reprochait le plaisir qu'il y prenait ; un sentiment intérieur l'avertissait de l'inconvenance du sujet, en le laissant jouir des beautés de l'ouvrage. C'était la *conscience* de la constitution qui s'élevait contre ces productions bizarres, où l'on défigurait l'homme de la société, pour nous peindre l'homme de la famille...

8. Des gens de lettres

... Les lettres, lorsqu'elles font corps, sont nécessairement asservies. Elles plieront sous le parti dominant, parce que le parti qui domine sent l'avantage d'avoir pour soi les trompettes de la renommée, et qu'il s'attache à les séduire ou à les intimider. Des corps qui sont dans la nature de la société, et qui existent indépendamment des volontés du gouvernement, peuvent braver ses menaces, ou mépriser ses caresses ; mais une association qui existe malgré la nature des choses, et par la seule volonté du gouvernement, une association qui veut exister, car tout ce qui existe tend à perpétuer son existence, ne peut opposer aucune résistance, et appartient toujours, et tout entière, aux plus forts. Ainsi un corps littéraire louera, dans la même administration, les mesures politiques les plus contradictoires ; ainsi il sera dévot dans un temps, et philosophe dans un autre. Si l'Académie française eût subsisté sous Robespierre, il eût fallu le louer ou périr ; et l'on peut appliquer à ce corps célèbre ces belles paroles de Tacite, en parlant d'Agricola : « Heureux, s'écrie-t-il, et par l'éclat de sa vie, et par l'à propos de sa mort. »

... Les gens de lettres avaient usurpé un grand ascendant dans la société. Le gouvernement, devenu plus timide à mesure qu'il devenait plus faible, les redoutait par instinct du mal qu'ils pouvaient lui faire, sans se mettre en devoir d'arrêter celui qu'ils lui faisaient. Ils avaient engoué les femmes en leur donnant de l'esprit, et les hommes en leur faisant des réputations ; parce qu'ils s'étaient érigés en distributeurs de l'esprit et des réputations, et qu'ils disposaient exclusivement en leur faveur et en faveur de leurs amis, de je ne sais quelle opinion publique dont ils étaient les souffleurs et les échos. Cette société, tourmentée de la fureur des conquêtes et du besoin de s'étendre, comme toutes les sociétés républicaines, avait fait de nombreux prosélytes dans les classes les plus élevées, par la licence de sa morale et la vanité du bel esprit. C'était des intelligences qu'elle s'était ménagées dans le pays ennemi ; et tout était prêt pour un soulèvement général contre les principes conservateurs des sociétés, lorsque le tocsin des États généraux vint hâter l'explosion et donner le signal aux conjurés. Ce parti, vain et présomptueux, crut alors que son règne était arrivé ;

Louis de Bonald

il s'agita à la cour, intrigua à la ville, bouleversa la composition des États généraux, confondit l'antique et *nécessaire* distinction des ordres, parvint à s'y introduire, et bientôt à y dominer : une fois maître du terrain, tel qu'un usurpateur qui, en entrant dans un pays dont il méditait la conquête, rallie tous les mécontents, intimide les faibles, et séduit le peuple en lui accordant l'exemption de tous les impôts, le parti philosophe, précédé de la terreur, grossi par la foule des ambitieux, souleva le peuple en lui accordant l'exemption de toute morale, et lit dans la société civile, à la tête d'une armée de dupes et de scélérats, cette terrible et à jamais mémorable invasion dont la France la première a éprouvé les effets, et dont l'Europe aveuglée a méconnu les suites.

Les dogmes fondamentaux de cette secte étaient la liberté indéfinie de la presse, la tolérance illimitée des opinions. C'étaient ses armes offensives et défensives : elle attaquait avec la liberté de la presse, elle se défendait avec la tolérance des opinions ; principes de circonstances, et qu'elle a violés sans pudeur, lorsqu'elle n'a plus eu à craindre que l'opinion, ni à immoler que la pensée !

... Je serais d'une extrême sévérité sur les ouvrages qui offensent les mœurs. Un écrivain qui discute avec bonne foi, et sans exagération, les principes de la religion et ceux de la politique, peut, même en se trompant, alléguer pour sa défense, qu'il a voulu éclairer les hommes et leur montrer ce que, dans sa science, il croyait être la vérité. L'ouvrage peut être dangereux, sans que l'auteur soit coupable ; et si le gouvernement doit sévir contre les vices du cœur, il ne saurait, sans une extrême sévérité, punir les erreurs de l'esprit. Mais quel motif peut alléguer, pour sa justification, l'auteur d'un ouvrage obscène ? Dira-t-il qu'il a voulu amuser ses concitoyens ? Mais s'il ne sait pas instruire les hommes sans les ennuyer, ne peut-il les amuser sans les corrompre ? mais l'homme est-il en société pour s'amuser, ou pour devenir meilleur et rendre les autres plus heureux ? Quel est son but ? Veut-il apprendre à l'enfant ce que la nature ne lui a pas encore appris, ou révéler à l'homme ce qu'elle n'a pas voulu lui apprendre ? C'est un écrivain infâme, qui contrarie la nature en devançant ses leçons, ou qui l'outrage en dévoilant ses mystères, et je le bannirais à jamais de la société.

Ce que je dis des productions de l'esprit peut, avec bien plus de raison encore, s'appliquer aux productions des arts : tous les esprits

8. Des gens de lettres

ne comprennent pas, mais tous les yeux voient.

Gouvernements ! voulez-vous accroître la force de l'homme ? Gênez son cœur, contrariez ses *sens* - semblable à une eau qui se perd dans le sable, si elle n'est arrêtée par une digue, l'homme n'est fort qu'autant qu'il est retenu.

Si les lettres et les arts doivent corrompre les hommes et perdre la société, il faut anéantir les lettres et les arts : mais ils peuvent porter l'homme à la vertu, perfectionner ou embellir la société ; il faut en encourager le goût, en diriger l'emploi, en récompenser les progrès, et ne pas oublier que la société doit être sévère dans ses châtiments, mais magnifique dans ses récompenses, et qu'elle doit punir et récompenser en société.

9. Bienfaisance publique

La philosophie qui gâtait tout, jusqu'au bien qu'elle faisait, avait, pour étaler sa fastueuse bienfaisance, imaginé d'attrouper les pauvres dans des ateliers *de* charité : mesure fausse et dangereuse et qui prouvait dans ses auteurs une ignorance profonde des règles d'une véritable charité, des principes de la constitution des sociétés, des règles d'une saine administration, du caractère des hommes en général, et du pauvre en particulier.

Les ateliers de charité étaient dangereux sous des rapports moraux :

1° - Parce qu'en réunissant par nombreuses troupes, les pauvres de tout âge et de tout sexe, c'est-à-dire la partie d'une nation que le défaut d'éducation et l'urgence des besoins rendent malheureusement la plus corrompue et la plus corruptible, on dépravait la faiblesse de l'âge et celle du sexe ; l'enfant et l'adolescent y entendaient, y apprenaient ce qu'ils ne devaient ni entendre ni savoir et ils en revenaient avec quelques sous de plus dans leur poche, et le germe du vice dans l'esprit et dans le cœur.

2° - Les jeunes personnes, qui auraient trouvé dans des occupations plus sédentaires des moyens de subsistance plus convenables à leur sexe, préféraient ces nombreuses assemblées où régnait la joie grossière, c'est-à-dire la licence du pauvre qui a du pain.

Louis de Bonald

3° - Ces attroupements autorisés, soldés par l'administration, enhardissaient le pauvre et lui ôtaient le frein de la honte, juste châtiment de la pauvreté, qui, dans le pauvre valide, n'est jamais que le résultat de la paresse et du vice ; et tel homme qui aurait rougi de demander des secours à la charité particulière, ou de les recevoir dans les maisons publiques, sollicitait, le front levé, une place dans l'atelier de charité ; il y avait même une honteuse émulation pour s'y faire inscrire ; il fallait des protections pour en obtenir la faveur ; en sorte que, pour bannir la mendicité publique, on la provoquait, on la créait, et cet abus était poussé si loin, qu'on voyait quelquefois des bourgeois aisés envoyer leurs domestiques travailler à l'atelier de charité.

Les ateliers de charité étaient nuisibles sous des rapports extérieurs et politiques :

1° - Ils nuisaient à l'agriculture, parce que le pauvre préférait d'aller travailler, ou pour mieux dire, ne rien faire dans ces rassemblements que l'on ne pouvait surveiller, où il se rendait plus tard, travaillait moins assidûment, que dans les travaux particuliers, et d'où il se retirait plus tôt ; il y contractait l'habitude de l'indolence et d'un travail sans activité. Qu'on ne dise pas qu'on n'occupait le pauvre que dans les saisons mortes, car les saisons mortes pour les travaux annuels et ordinaires de l'agriculture sont les temps les plus propres aux travaux extraordinaires et d'amélioration.

2° - Dans la plupart des lieux, on faisait des travaux sans objet utile, et uniquement pour avoir occasion de former un atelier de charité ; en sorte que le pauvre, qui voyait qu'on ne le faisait travailler que pour avoir un prétexte de lui donner, ne faisait de travail que ce qu'il en fallait pour avoir un prétexte de recevoir, et qu'ainsi, au scandale d'une distribution quelquefois sans besoin se joignait l'abus d'un travail souvent sans utilité.

3° - On admettait dans les ateliers de charité des pauvres hors d'état, par leur âge ou leurs infirmités, de faire aucun travail ; or, il est contre la nature et la raison, qu'on fasse travailler celui qui ne peut pas travailler, ou qu'on paie celui qui ne travaille pas.

Enfin les ateliers de charité sont devenus dangereux à la tranquillité publique, et les factieux s'en vont servis avec succès pour commencer la révolution. À leur voix, les pauvres se sont métamorphosés en brigands, et les secours de la charité en solde de crimes.

Cherchons, dans la constitution religieuse et politique des sociétés, les vrais principes de la bienfaisance publique et des moyens efficaces de réprimer la mendicité.

L'homme social est l'homme et la propriété or, la nature de la société tend à faire de tous les hommes, des hommes sociaux ; donc elle appelle tous les hommes à la propriété. Mais l'homme ne peut y parvenir que par le travail, et ne doit y parvenir que par un travail légitime ; donc tout homme doit s'occuper à un travail permis, pour devenir propriétaire, et s'élever ainsi au rang d'homme social ; et comme l'homme ne peut travailler sans acquérir quelque propriété, on peut dire de tout homme qui travaille, qu'il est homme social, et de celui qui ne travaille pas, qu'il est hors de la société.

L'homme est donc propriétaire, ou il ne l'est pas : s'il n'est pas propriétaire, et qu'il soit privé des facultés physiques et morales indispensables pour le devenir en travaillant, la société civile, c'est-à-dire la société politique et la société religieuse doivent suppléer au défaut de ses facultés, et pourvoir à sa subsistance, parce qu'elles doivent soulager toutes les faiblesses physiques et morales de l'homme...

L'homme qui n'est pas propriétaire, et qui ne veut pas travailler pour le devenir, quoiqu'il ait le libre usage de ses facultés physiques et morales, doit être contraint au travail par les *pouvoirs* réunis de la société religieuse et de la société politique ; l'une doit déterminer la volonté, et l'autre contraindre le corps, s'il est nécessaire, parce que l'une et l'autre doivent faire, de tout homme valide, un membre de la société, un homme social, un propriétaire. D'ailleurs l'homme qui ne vit pas de sa propriété, vit nécessairement de celle d'autrui : il force par conséquent quelqu'un à travailler pour le faire vivre : il opprime donc quelqu'un dans la société ; le pouvoir de la société politique, institué pour défendre la liberté de tous contre toute espèce d'oppression, doit donc contraindre le paresseux valide au genre de travail auquel ses facultés physiques et morales le rendent propre. Quel que soit le genre de travail auquel il l'applique, et les moyens qu'il emploie pour l'y contraindre, le gouvernement

Louis de Bonald

ne doit jamais perdre de vue la dignité de l'homme moral ; mais il ne doit pas craindre de gêner sa liberté, puisqu'il le rétablit au contraire dans sa véritable liberté, qui n'est, comme on l'a vu, que l'obéissance aux lois, on rapports *nécessaires* dérivés de la nature des êtres en société, et que la nécessité de travailler pour devenir membre utile de la société, est une loi ou rapport *nécessaire* dérivé de la nature de l'homme intelligent et physique.

Il se présente deux questions importantes.

1° - Si le pauvre ne trouve pas de travail, l'administration générale ne doit-elle pas lui en donner ? Non : car l'administration ne peut lui en donner sans tomber dans tous les inconvénients que j'ai relevés en traitant des ateliers de charité ; mais elle doit faire en sorte qu'il en trouve, c'est-à-dire qu'elle doit *influer* par des dispositions générales, et non *agir* par des mesures particulières.

Or cette facilité qu'a le pauvre à trouver du travail est le résultat nécessaire d'une bonne administration, c'est-à-dire d'une administration sage, attentive, prévoyante et économe ; soit parce qu'une bonne administration ouvre des travaux dans les ateliers publics, employés à la confection ou à l'entretien des propriétés de l'État, lesquels ateliers surveillés par l'intérêt personnel d'un entrepreneur, n'ont aucun des inconvénients moraux et physiques des ateliers de charité ; soit parce qu'une bonne administration, permettant au propriétaire l'emploi libre et décent du superflu que lui laissent des impôts modérés, et dont la loi qui veille à la défense de la propriété lui assure la paisible jouissance, l'invite à employer une partie de ses revenus à améliorer ses fonds : genre de luxe qu'il est très aisé au gouvernement d'introduire, ou plutôt de favoriser, et qui, à quelque excès qu'il soit poussé, ne peut qu'être utile à la prospérité publique, lors même qu'il dérangerait la fortune du particulier. C'est ce qui fait que les grands propriétaires sont *nécessaires* dans une société ; parce qu'eux seuls peuvent cultiver en grand, cultiver avec intelligence, et se livrer à des *essais* qui donnent à vivre au pauvre, et tournent toujours au perfectionnement de l'agriculture. C'est par un salaire payé à un travail utile, plutôt que par des largesses faites à l'indigent oisif, que les riches remplissent leur destination religieuse et politique, et qu'ils sont, conformément aux vues de la Providence et à l'intérêt de l'État, les économes et les dispensateurs des fruits que la nature fait naître pour tous les hommes. Ces grandes propriétés viennent des substitutions, du droit d'aînesse, etc., car tout se tient dans une société constituée. Si le gouvernement doit faire en sorte que l'homme trouve du travail, il ne doit pas laisser la femme sans occupation ; parce que c'est en l'occupant qu'il peut soulager sa faiblesse physique et morale. Il doit donc *influer* pour que les hommes ne s'emparent pas exclusivement des métiers auxquels la nature, et je dirai même la bienséance appellent les femmes, parce que la nature et la bienséance lie permettent pas aux femmes de se livrer aux travaux qui sont réservés aux hommes.

Cet abus existait en France ; et tandis que la mollesse et le luxe multipliaient les métiers sédentaires, un autre genre de luxe les confiait exclusivement aux hommes, et déplaçait un sexe en opprimant l'autre. Les classes qui ont généralement fourni le plus d'agents mercenaires de révolution et de désordre, ont été celles des histrions, des laquais, des filles publiques, c'est-à-dire celles où la force de l'homme était le plus déplacée et la faiblesse de la femme le plus opprimée.

2° - Doit-on renfermer dans les hôpitaux et les maisons de force les pauvres invalides ? Non, car le pauvre invalide peut être importun, mais il n'est pas dangereux ; or, il n'y a qu'un danger imminent pour la société qui puisse autoriser le gouvernement à attenter à l'indépendance de l'homme. D'ailleurs, il faut en revenir à la maxime du grand Maître : Vous *aurez toujours des pauvres au milieu de vous,-* et il est plus important qu'on ne pense de laisser sous les yeux de l'homme heureux, le spectacle de l'humanité souffrante, et sous les yeux du pauvre, le spectacle de la richesse bienfaisante. L'administration aura beau faire, elle ne soulagera jamais toutes les misères individuelles, les différentes assemblées qui ont opprimé la France, ont ruiné tous les riches sans pouvoir nourrir tous les pauvres ; et dans l'impuissance de leur donner du travail et du pain, elles ont été réduites à les envoyer périr dans les armées. Bien plus, quand l'administration pourrait soulager toutes les misères, elle devrait bien se garder d'ôter à la charité particulière un aliment nécessaire, un puissant moyen de rapprochement entre les diverses conditions. Dans une société où il n'y aurait personne à soulager, il n'y aurait que des égoïstes, dont le cœur insensible aux malheurs des autres ne serait dilaté que par la vue de l'or, ne palpiterait jamais que de la crainte de le dépenser : dans ces sociétés, on ne connaîtrait qu'une vertu, la richesse ; qu'un vice, la pauvreté. Voyez la fureur, la rage d'acquérir, qui dévore, qui consume la nation de l'Europe autrefois la plus désintéressée, depuis que les institutions républicaines ont établi le *pouvoir* particulier, ou *l'amour de soi,* à la place du *pouvoir* général, ou de *l'amour des autres.* La religion rapproche la pauvreté de la richesse d'une manière admirable ; en faisant un devoir du travail, et un bonheur de la médiocrité, elle invite le pauvre à devenir riche par son travail, et le riche à devenir pauvre par ses bienfaits, et elle prévient ainsi le danger de l'oisiveté dans le pauvre, et de la dureté dans le riche ; elle console celui que sa condition pourrait jeter dans le désespoir, elle fait craindre celui que sa fortune pourrait enfler d'orgueil ; si elle sanctifie, par *le précepte de l'aumône,* la richesse, résultat nécessaire du travail qu'elle prescrit, elle défend l'attachement aux richesses, qui dégrade l'homme, en rendant esclave de la propriété celui qui est fait pour user en maître de la propriété, et elle rend l'homme pauvre au milieu des richesses, comme elle le rend tempérant au milieu des plaisirs ; car la religion permet qu'on use de tout, et veut qu'on n'abuse de rien.

10. Des finances

La société emploie à sa conservation les hommes et les propriétés ; puisque la fin de la société est la conservation des hommes et des propriétés, et que la société elle-même n'est qu'hommes et propriétés.

L'homme doit être employé par le service personnel ; la propriété doit être employée par l'impôt ; parce que le service est dans la nature de l'homme, et l'impôt dans la nature de la propriété.

Imposer une propriété, est en prendre une partie.

Certaines propriétés sont imposables directement et en elles-mêmes, soit en nature, soit en argent, comme le blé, le vin, le sel, parce qu'elles peuvent être employées comme la nature les a faites ; mais il y en a d'autres qui ne sont imposables qu'indirectement, et lorsque l'art leur a donné une autre forme ou une nouvelle destination. Ainsi le chanvre, les bêtes à laine, les vers à soie ne peuvent pas être imposés directement, parce que, pour faire servir le chanvre, la laine ou la soie à l'usage de l'homme, il faut des procédés et une industrie qui est elle-même une nouvelle propriété, et qui, en cette qualité, doit sa part de l'impôt. Ainsi, j'impose, à la fois, la matière du chanvre, l'industrie du tisserand et celle du blanchisseur, en percevant un droit sur la toile ; la matière de la laine, celle de la soie, et l'industrie des différents ouvriers qui les mettent en œuvre, en percevant un droit sur le drap et sur l'étoffe de soie. Les droits sur la toile et sur le drap seront plus forts à mesure que l'industrie sera plus grande, et l'ouvrage plus précieux : car à mesure que l'industrie sera plus grande et l'ouvrage plus précieux, le drap ou la toile sont moins nécessaires pour vêtir l'homme.

Distinction nécessaire de l'impôt en nature et de l'impôt en argent, de l'impôt direct et de l'impôt indirect.

... Comment les capitalistes seront-ils soumis à l'impôt ?

Tant que l'argent reste dans le coffre, il ne doit pas d'impôt, car puisqu'il n'est pas propriété utile pour le maître, il ne peut pas être propriété utile pour l'État ; mais dès qu'il en sort pour être placé à intérêt, et devenir ainsi propriété utile pour le maître, il doit être propriété utile pour l'État : donc il faut que l'État la connaisse, donc il faut qu'un acte publie en constate la quotité ; comment l'État pourrait-il imposer une propriété qu'il ne connaîtrait pas ? Donc la loi ne doit à l'homme aucun moyen de défendre on de réclamer en justice une propriété mobilière, qui n'aura rien payé à la société ; comment l'État pourrait-il protéger une propriété qui ne paierait pas le prix de la protection que l'État lui accorde ? Donc les droits de contrôle, ou de timbre, les droits aux mutations de propriétés immobilières, mobilières, ou d'offices, sont fondés en raison ; parce que l'État, protecteur de toutes les propriétés et de tous les hommes, doit connaître tout déplacement qui survient dans les hommes et dans les propriétés.

Mais la publicité des emprunts et des placements n'a-t-elle pas des inconvénients ? Aucun. Relativement à l'État, la publicité des propriétés mobilières n'a pas plus d'inconvénient que la publicité des propriétés immobilières ou territoriales ; relativement au particulier, le mystère ne favorise que la mauvaise foi ou la mauvaise économie. Si l'intérêt de quelques marchands est que

Louis de Bonald

tout soit secret dans leurs affaires, l'intérêt du commerce honnête et loyal est que tout soit publie. Or, l'intérêt de la société n'est pas l'intérêt des marchands mais l'intérêt du commerce. Quant aux capitalistes, ceux qui cherchaient à jeter un voile impénétrable sur leurs affaires n'étaient presque jamais que des gens peu délicats, qui voulaient rejeter sur les autres le fardeau des charges publiques, ou léser des légitimaires dans des partages de familles. Au reste, il ne serait pas impossible de concilier le secret des affaires avec l'intérêt de la société.

Les denrées exportées hors du royaume, les denrées importées dans le royaume, doivent des droits, parce que le particulier doit un dédommagement à l'État pour les dépenses en chemins, ports, vaisseaux, etc., que lui occasionnent l'exportation et l'importation. Les droits sur les denrées exportées et importées sont les impôts que paie le commerce.

Quel principe doit-on suivre dans la taxe des droits sur l'exportation ou sur l'importation ?

La règle générale sur les droits à l'exportation des denrées est que les droits doivent être plus forts sur les denrées de première nécessité, pour les retenir dans le royaume, et moins forts sur les objets de luxe pour les en faire sortir. C'est absolument le contraire sur les droits à l'importation. Il faut mettre des droits modiques aux objets de première nécessité, pour les attirer dans le royaume, et des droits plus forts sur les objets de luxe pour les en éloigner. Au reste, ce principe général est susceptible de modifications infinies, parce que la denrée de première nécessité peut devenir objet de luxe, si elle est trop abondante, et l'objet de luxe devenir, jusqu'à un certain point, objet de première nécessité, s'il est trop rare. Les matières brutes que demandent les manufactures d'un pays peuvent être un objet de première nécessité, quoique les productions de ces manufactures ne soient que des objets de luxe. Une nation qui a des colonies peut encore modifier différemment ce principe, qui ne peut être considéré comme général que sous ce rapport, qu'il faut que tout ce qui est nécessaire à la société reste ou entre dans le royaume, et tout ce qui est inutile ou dangereux pour la société en sorte ou n'y entre que difficilement.

Il me reste une réflexion à faire sur l'impôt en nature. Je connais toutes les objections qu'on peut faire contre la perception en nature, mais il n'est aucune difficulté qui ne disparût par l'habitude de percevoir ; et lorsque certaines productions présenteraient une *décimation* trop difficile, il s'établirait *nécessairement* et par la force des choses entre l'intérêt éclairé du fermier et l'intérêt éclairé du propriétaire, une taxe en argent ou abonnement de gré à gré, bien plus exact que toutes les estimations des experts, et que toutes les évaluations des cadastres. Dans les Cévennes, où la feuille du mûrier forme un revenu considérable, on en est venu à ce point de précision et de connaissance, que l'on estime à la seule vue et avec une grande exactitude combien un arbre donne de livres pesant de feuilles.

Au reste, quelque système que l'on adopte sur l'impôt, il y a des bases générales desquelles on ne doit jamais s'écarter.

1° Il ne faut pas, dans un État agricole, que l'impôt écrase et décourage l'agriculture : il ne faut pas oublier que l'habitant des campagnes est pauvre, parce qu'il cultive mal, et qu'il cultive mal, parce qu'il est pauvre.

2° Il ne faut pas, dans un État commerçant, que l'impôt écrase et décourage le commerce.

3° Il ne faut pas, dans une société opulente, que l'impôt étouffe tout luxe relatif, c'est-à-dire tout emploi décent du superflu de son opulence.

4° Il ne faut pas, dans une société civile, c'est-à-dire religieuse et politique, que l'impôt soit une occasion de corruption et de désordre.

Ainsi il est nécessaire d'abolir ou de rectifier les loteries, qui inspirent le goût de gagner sans travail, et par conséquent de dépenser sans utilité ; les emprunts viagers, qui inspirent le dégoût de la propriété foncière, et l'insouciance de la postérité ; les droits de contrôle, qui présentent des pièges à la simplicité et des ressources à la mauvaise foi ; les droits excessifs et inégaux sur les denrées de première nécessité, qui excitent la contrebande, et entretiennent dans le royaume une guerre intestine entre le pouvoir et les sujets.

Si toutes les propriétés doivent payer un impôt, les propriétés de tous, ou les propriétés communes en doivent aussi leur part. Ainsi il est urgent de rétablir en France un impôt sur le sel, ressource

Louis de Bonald

précieuse, mais dont l'administration avait abusé. Le sel doit payer, à son extraction seulement, un droit *uniforme, pour* ne léser aucune province, ni exciter la contrebande ; un droit modique, parce que le sel est une denrée nécessaire, et que l'administration ne doit ôter à personne ce que la nature donne à tous.

... Ce n'est pas assez que l'impôt soit modéré, réparti avec intelligence, perçu avec économie ; il faut encore, il faut surtout, qu'il soit sagement administré ; et, loin de chercher les règles d'une bonne administration dans les exemples ou les systèmes des financiers modernes, je les trouve dans le livre de raison d'un particulier aisé, intelligent et sage...

11. Commerce

Je n'envisage pas le commerce en négociant, moins encore en agioteur ; je le considère en politique, et dans ses rapports généraux avec la société propriétaire et agricole, seule société politique qui soit dans la nature, et qui mérite le nom de société, comme l'homme propriétaire de fonds est proprement le seul qui soit membre de la société politique. Remontons à l'origine du commerce.

... Les difficultés innombrables qu'éprouvaient les premiers échanges, soit qu'ils se fissent immédiatement par le troc des denrées, ou par l'intermédiaire d'un signe fictif, bornaient le commerce, dans les premiers temps, aux objets d'absolue nécessité et aux lieux les plus voisins ; l'invention des métaux, partout reçus, partout transportables, facilita les relations commerciales entre les sociétés les plus éloignées, et fit venir aux usages d'un climat toutes les productions du climat le plus opposé. Alors on put regarder le commerce comme social, parce qu'on put regarder les sociétés comme de grands commerçants. Les sociétés considérées comme des propriétaires employèrent une partie de leurs productions pour leur consommation, et elles en échangèrent une autre partie contre d'autres productions utiles que leur sol ou leur industrie leur refusaient. Elles exportèrent les unes au dehors, elles importèrent les autres du dehors : cette importation et cette exportation s'appelèrent commerce, comme les échanges entre particuliers dans la même société s'appelaient trafic. Elles échangèrent contre

des métaux le superflu de leurs productions territoriales et indus-
trielles ; et comme elles avaient tous les ans, à peu près, les mêmes
produits et les mêmes besoins, elles eurent tous les ans, à peu près,
le même excédent : par conséquent la quantité de leurs métaux
s'accrut tous les ans, et la circulation du numéraire devint plus
rapide, parce que le numéraire devint plus abondant.

... Je prie mon lecteur de faire une attention sérieuse au double
rapport sous lequel on peut envisager l'argent, ou comme signe
représentatif de toutes les valeurs, ou comme valeur lui-même,
représentée par un signe. Il voudra ne pas perdre de vue la différence
qui existe entre un papier-monnaie et un papier de banque.

Une nation pauvre peut créer un papier-monnaie pour suppléer à
la disette du signe métallique ; mais ce papier, uniquement établi
pour les besoins du commerce intérieur, doit être en fractions
semblables à celle de la monnaie métallique. Dès lors il est aussi
embarrassant que le métal lui-même, beaucoup plus périssable ; et
comme il est la ressource de la pauvreté et un signal de détresse,
il n'obtient jamais qu'un cours forcé et une confiance équivoque.

Une nation riche établit un papier de banque, pour réduire, sous
un signe portatif, un métal devenu chez elle trop abondant ; dès
lors il n'y a d'autre terme à la valeur numérique du, billet, que
la volonté de l'administration. Ce papier a la même valeur que
l'argent lui-même, et il est beaucoup plus transportable ; et comme
il est le résultat et le signe d'une excessive opulence, il obtient
partout le même cours et la même faveur. On a peine à se procurer
dans les États-Unis un mauvais dîner avec le papier-monnaie de
l'État ; vingt mille francs en assignats peuvent à peine aujourd'hui
payer, à Paris, une place au parterre de la comédie. Avec le papier
de banque de Londres, d'Amsterdam, et les assignats de France
(pendant les premières années de la révolution), on a pu payer un
forfait dans tout l'univers.

Les variations qu'ont éprouvées dans leur valeurs les *assignats*
viennent à l'appui de mon principe, ils ont été reçus à peu près au
pair de leur valeur numérique, tant qu'ils ont été papier de banque,
et qu'ils ont été le signe d'une grande abondance de numéraire ;
ils ont baissé à mesure que le numéraire s'écoulait, et sont venus à
rien lorsque, par la disparition des espèces, ils n'ont fait l'office que

de papier-monnaie. Et qu'on ne dise pas que leur baisse progressive est produite par les événements ; car il serait aisé de prouver, qu'à juger les probabilités des événements, les assignats devaient, à leur création, perdre ce qu'ils perdent aujourd'hui. Les efforts que l'on fait en France pour les faire remonter sont donc inutiles : en laissant à part le vice de leur naissance et le peu de solidité de leur hypothèque, il est démontré qu'ils ne pourraient hausser de valeur, qu'autant que le numéraire étant rétabli en France dans la quantité qu'il existait avant la révolution, les assignats seraient *papier de banque* et non *papier-monnaie* ; et si le numéraire reparaissait en France, tel qu'il existait avant la révolution, les assignats seraient inutiles.

L'argent est donc utile tant qu'il n'est que signe représentatif de la valeur des denrées ; il est funeste quand il devient denrée lui-même, dont la valeur est représentée par un signe. À mesure que le numéraire augmente chez une nation, et qu'il faut une plus grande quantité pour représenter la valeur des choses nécessaires à la vie et se les procurer, le désir d'avoir ce signe, ou la cupidité devient plus active. L'on remarque, en effet, bien plus d'avidité pour l'argent dans les pays où il y a le plus de numéraire, et dans les conditions qui en gagnent le plus. Du désir d'en acquérir naît la crainte de le dépenser ; et l'on remarque aussi en général des vertus moins généreuses dans certains pays et dans certaines conditions, que dans d'autres pays et dans d'autres conditions.

... Si le commerce ne se faisait qu'avec les produits du sol ou de l'industrie nécessaires à l'homme, il ne serait qu'utile à la société, parce qu'il ne pourrait jamais s'étendre au-delà de la somme des productions naturelles, ou de la quantité des besoins réels. Mais le commerce s'est étendu bien au-delà des bornes que la nature lui avait prescrites ; il a fait naître à l'homme des besoins qu'il ne connaissait pas, dans les fragiles ouvrages d'une industrie recherchée, et dans des productions étrangères que la nature peut-être ne destinait pas à être un aliment usuel pour l'homme, parce qu'elles ne croissent qu'à *force d'hommes*. L'homme se croit plus heureux, parce qu'il satisfait des besoins qu'il n'éprouvait pas : comme il se croit plus riche, parce qu'il a plus d'or pour la même quantité de dentées ; et le commerce abuse l'homme sur son bonheur, comme il le trompe sur ses besoins.

11. Commerce

Cependant l'habitude rend ce bonheur nécessaire ; ces besoins factices, elle les rend réels. Le commerce s'empresse de prolonger l'un, de satisfaire les autres. Il apporte à l'homme les denrées dont il ne peut plus se passer ; il apporte à l'industrie la matière première de ses ouvrages. S'il faut une plus grande quantité de ces denrées, il faut plus d'hommes pour les faire naître ; s'il faut plus de ces matières premières, il faut plus d'hommes pour les extraire ou leur donner la première façon. Là où il faut plus d'hommes, il faut plus de subsistances ; le commerce les apporte ; c'est une récolte annuelle sur laquelle l'homme compte, et il se multiplie en conséquence. D'un autre côté, l'importation des matières premières des ouvrages de l'industrie et des arts suppose une quantité considérable de bras pour les mettre en oeuvre. Voilà du travail, c'est-à-dire des moyens de subsistance. Les hommes se multiplient ; car partout les hommes se multiplient en raison des subsistances.

Si l'on suppose que les communications soient tout à coup interceptées, ou qu'elles deviennent très difficiles par l'effet d'une guerre on d'une épidémie générales, il se trouve, dans le pays des matières premières, une population extraordinaire qui manque de subsistances, et dans le pays de l'industrie et des arts, une population extraordinaire qui n'a plus de travail. L'inquiétude se manifeste ; les uns s'en prennent à leur gouvernement de la disette de subsistances, les autres s'en prennent à leur administration du défaut de travail ; alors, si dans cette société il se trouve des philosophes qui veuillent *faire* une constitution religieuse, pour y faire entrer leurs opinions. et des ambitieux qui veuillent *faire* une constitution politique, pour y établir leur *pouvoir* particulier, il se fera une révolution. Mais une révolution ne peut occuper, encore moins nourrir une population extraordinaire ; on fait donc la guerre, parce que la guerre est *nécessaire* pour occuper les uns et pour donner des subsistances aux autres, en les réduisant au nombre que leur pays peut nourrir. Ces désordres ne sont pas l'intérêt du commerce ; mais ils sont l'intérêt des commerçants. Avides de chances et de hasards, qui offrent aux désirs cet espoir indéterminé qui forme, pour ainsi dire, le fond de l'homme, parce qu'il est dans sa nature immortelle, les commerçants fournissent à grands frais, parce qu'ils fournissent à gros risques, des armes et des subsistances. Dix s'y ruinent, un seul s'enrichit ; et l'aveugle

Louis de Bonald

cupidité, fille de l'espoir et de la crainte, s'accroît également des malheurs des uns et du succès de l'autre. Tout intérêt de patrie, tous devoirs envers le souverain disparaissent devant l'intérêt des commerçants.

... Je l'ai déjà dit : en multipliant le travail, on multiplie les moyens de subsistance, on multiplie les hommes ; les hommes à leur tour multiplient le travail, et le travail multiplie les moyens de subsister. Les grandes villes sont les grands ateliers de cette industrie manufacturière, plus utile aux commerçants qui veulent accroître la somme des produits exportables, qu'à la société qui veut conserver l'homme physique et l'homme moral.

Les manufactures entassent, dans les villes, une population immense d'ouvriers, dépourvus des vertus qu'inspire le goût et la culture des propriétés champêtres, livrés à tous les vices qu'enfante la corruption des cités qui offrent des jouissances à la débauche et des ressources à la fainéantise. La moindre diminution dans leur travail, la moindre variation dans le goût des objets qu'il produit, livrent à la faim et au désespoir cette multitude imprévoyante, qui travaille peu pour consommer beaucoup ; et ces alternatives fréquentes d'aisance et de misère, ce passage subit de l'intempérance à la faim, la rend suivant que l'État est tranquille ou agité, cause de désordre ou instrument de révolution. Nos villes fabricantes et manufacturières ont donné aux campagnes le signal de la révolte ; et même aujourd'hui que leurs crimes ont été expiés par des crimes plus grands, elles ne leur donnent pas encore l'exemple d'un franc et sincère repentir. On dit sans cesse qu'une nation industrieuse rend les autres nations tributaires de son industrie ; mais on ne voit pas que lorsque cette industrie s'exerce sur des objets de luxe, la nation industrieuse est elle-même tributaire des nations consommatrices.

... C'est donc, dans un État agricole, la grande manufacture qu'il faut encourager, la fabrique des productions territoriales, le grand atelier de la nature qui laisse l'homme à la terre et la famille à la propriété.

11. Commerce

ISBN : 978-1537348315